Stephanie Feghelm, Silke Reichardt, Edda Bergemann

Skandinavisches Weihnachts-Basteln

Die Deutsche Bibliothek - CIP-Einheitsaufnahme
Skandinavisches Weihnachts-Basteln / Stephanie Feghelm, Silke Reichardt, Edda Bergemann – Wiesbaden:
Englisch, 1995
ISBN 3-8241-0672-8

© by F. Englisch GmbH & Co Verlags-KG, Wiesbaden 1995
ISBN 3-8241-0672-8
Fotos Axel Weber
Printed in Spain

Inhaltsverzeichnis

Vorwort

Es war in der Weihnachtszeit – wie in all den Jahren – so auch in diesem: Wir schleppten große Mengen Kartons vom Keller hinauf in den Vorbereitungsraum. Dann begann das Auspacken: Engelchen, Kugeln, Weihnachtsmänner; wie jedes Jahr.

Inmitten der Berge von Holzwolle und Styropor kam aus einer Ecke der erlösende Satz: „Nein, aus und Schluß. Es muß doch noch etwas anderes geben!"

Wir legten die Schachteln zur Seite und beschlossen, am Wochenende nach Dänemark zu fahren.

Dort kündigte jedes noch so kleine Fenster, die alte Haustür oder der kahle Strauch im Vorgarten das Weihnachtsfest an, genau wie bei uns. Und doch war es anders: Liebenswerte Nissemänner reihten sich im Tannengrün und überall empfand man Wärme – Wärme durch die viele rote Farbe. Kaum Plastik oder Glitzer, sondern Holz, Sisal und viele Naturmaterialien. Das war es, was wir suchten! Basteln mit skandinavischen Materialien, aber nach eigenen Vorstellungen. Auf den folgenden Seiten sehen Sie die Verwirklichung unserer Ideen.

Wir sind sicher, daß Sie beim Basteln den gleichen Spaß haben werden wie wir!

GLÆDELIG JUL OG GODT NYTÅR wünschen

Stephanie, Silke und Edda

Material und allgemeine Hinweise

Strickschläuche

Strickschläuche gibt es in vielen Farben und Breiten. Sie lassen sich problemlos mit der Schere schneiden. Durch Abbinden oder Aufrollen verhindert man das Fallen der Maschen. Das Kleben der Strickschläuche gelingt problemlos mit der Heißklebepistole. Beim Basteln mit Kindern greifen Sie bitte aus Sicherheitsgründen auf einen Kontaktkleber zurück.

Abbinden der Schläuche:

Je schmaler der Schlauch ist, desto länger muß der Schlauch abgeschnitten werden, um das Fallen der Maschen beim Aufrollen zu verhindern.

Weiterhin benötigen Sie:

– Holzkugeln
– Holzbuttons
– Holzfüße und -hände
– Chenilledraht
– Samtfaden
– Filz
– Wackelaugen
– Federboa
– Stoffe
– Holzperlen
– Sisalband
– Schere
– Heißkleber
– Filzstift
– Nähgarn
– Phantomstift
– künstliche Tanne

Phantomstift

Zum Übertragen der Schablonen verwenden Sie am besten einen Phantomstift. Er malt gut auf Filz und verschwindet nach einigen Tagen von allein. Wenn er mit Wasser in Berührung kommt, verschwindet er sofort.

Gesichter

Das Bemalen der Gesichter gelingt am besten mit einem wasserfesten Folienstift, Stärke „S" oder mit einem Signierstift aus der Seidenmalerei. Üben Sie zuerst auf Papier. Je weniger Druck Sie beim Malen aufwenden, um so größer ist die Wahrscheinlichkeit, daß die Farbe auf dem Holz nicht zur Maserung hin ausläuft. Passiert es dennoch, seien Sie nicht enttäuscht: Die kleinen „Macken" lassen doch die Handarbeit erkennen. Außerdem nimmt der Betrachter den Gesamteindruck wahr und nicht allein die Bemalung.

Sollten Sie es perfekt wünschen, bemalen Sie die Gesichter mit Allesfarbe.

Anhänger

Neugierig und liebenswert haben sich diese kleinen Figuren in Tannenzweigen und Girlanden versteckt. Auch als Tischdekoration oder zum Schmücken von Geschenkverpackungen sind sie ideal.

Material für die Tropfenanhänger
– roter Filz
– Jutekordel
– Holzbuttons, 20, 25 und 30 mm

Material für die Männlein
– roter Filz
– Holzbuttons, 20, 25 und 30 mm
– rote Holzperlen, 6 mm
– weißer Samtfaden
– weiße Pompons, 7 mm
– 8 cm roter Strickschlauch, 2,2 cm breit (je Mütze)

Fertigen Sie Schablonen an, und übertragen Sie diese mit einem Phantomstift

auf den Filz. Auf den ausgeschnittenen Filz werden die Holzbuttons und die Haare bzw. die Mützen aufgeklebt. Zum Schluß malen Sie die Gesichter auf.

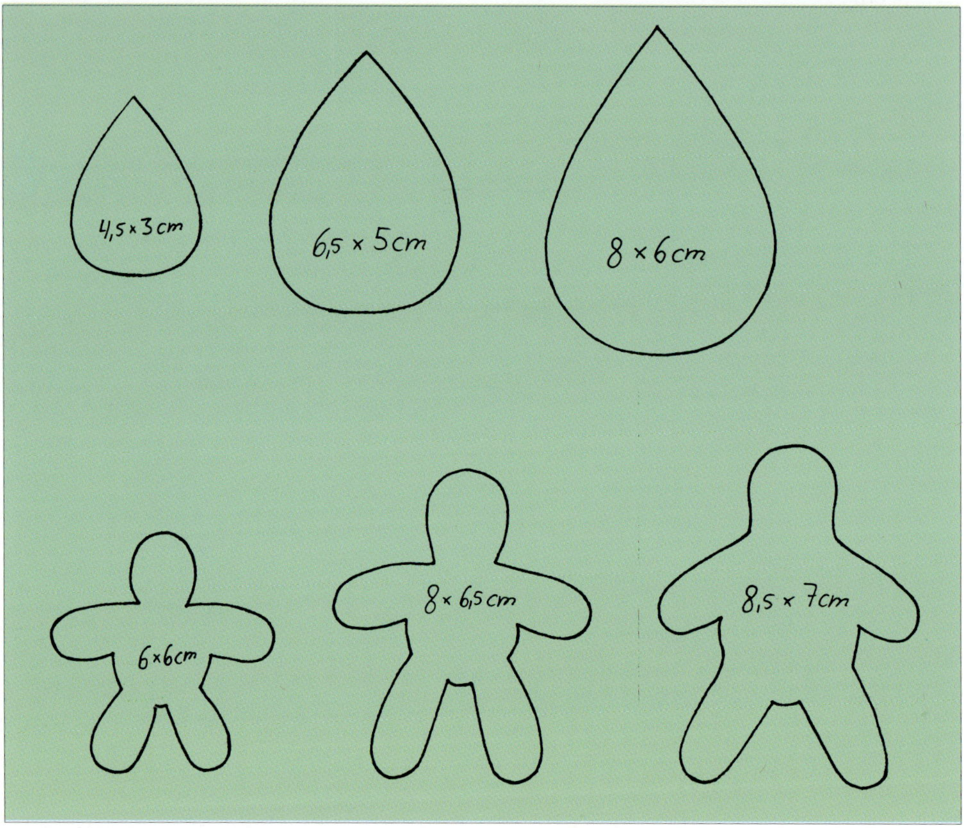

4,5 × 3 cm

6,5 × 5 cm

8 × 6 cm

6 × 6 cm

8 × 6,5 cm

8,5 × 7 cm

Wichtelköpfe

Auch die kleinen Wichtelköpfe auf Seite 7 sind ein schöner Tannenschmuck. Weiterverarbeitet werden sie gerne in Schule, Büro oder auf Weihnachtsfeiern als Haarschmuck oder Broschen getragen.

Material
– Holzbuttons, 30 mm
– 8 cm Strickschlauch, 3 cm breit
– roter und weißer Samtfaden
– eventuell Broschennadel und künstliche Tanne

Wie auf Seite 5 beschrieben, werden die Strickschläuche abgeschnitten, abgebunden bzw. aufgerollt und auf die Holzbuttons geklebt. Wenn Sie möchten, können Sie sie auch auf einer Broschennadel oder Haarspange befestigen.

Geschenkdose

Ein beliebtes Mitbringsel – ob gefüllt oder auch nicht – für jung und alt.

Material
– ovale Spandose, 11 x 16 cm
– rote und grüne Bastelfarbe, matt
– Eispins
– 2 Pompons, 15 mm
– 1 Stern
– 90 cm rotes Schleifenband, 2,5 cm breit
– 30 cm roter Strickschlauch, 2,2 cm breit
– weißer Samtfaden

Bemalen Sie die Dose mit grüner, die Eispins mit roter Bastelfarbe. Kleben Sie zuerst die Pins, danach die vorbereiteten Köpfe fest.

Drehen Sie aus dem Samtfaden zwei Kordeln, und kleben Sie diese zwischen den Köpfen und den Eispins fest. Der Rand der Dose wird mit einer Schleife verziert, die Sie an einigen Stellen mit Klebstoff fixieren.

Türschleife

An der Eingangstür angebracht, heißt dieser schöne Kranz jeden Besucher herzlich willkommen.

Material

– Tannenkranz, Ø 30 cm
– 1,60 m Juteband, 70 mm breit
– 1,20 m Satinband, 10 mm
– rote Stoffmalfarbe
– Schablone „Sterne"
– Schablone „Gotisches Alphabet"
– Phantomstift
– 2 Holzbuttons, 30 mm
– Juteband
– Samtfaden
– 20 cm roter Strickschlauch, 3 cm breit
– feiner Draht

Binden Sie zuerst das Juteband zur Schleife. Nun beschriften Sie das Band.

In der Regel wird die Farbe mittels eines Schablonierpinsels aufgetupft. Da das Juteband recht grob ist, läuft die Farbe schnell unter die Schablone. Die Folge sind unsaubere Ränder.
Zeichnen Sie sich deshalb lieber die Buchstaben und Sterne mit Hilfe der Schablone und einem Phantomstift vor. Die Motive malen Sie dann mit roter Stoffmalfarbe aus.

Wichtelköpfe

Kleben Sie zuerst die Haare auf. Für den Pony drehen Sie das Juteband auf. Danach bemalen Sie die Gesichter und kleben die Mützchen auf.
Kleben Sie nun die Köpfe auf die Juteschleifen, binden Sie die Satinschleife dazu, und befestigen Sie diese mit etwas Draht am Tannenkranz.

![Servietring mit roter Zipfelmütze, zwei Wichtel auf Servietten](photo)

Serviettenringe

Mit wenig Aufwand zaubern Sie so Weihnachtsstimmung auf Ihren Festtagstisch. Gerne wird dieser Schmuck als Erinnerung an die schöne Feier mitgenommen! Michel eignet sich auch als fröhlicher Tannenschmuck oder als Träger für Geldgeschenke!

Kerstin

– 1 Holzserviettenring
– 1 Holzbutton, 40 mm
– Juteband
– roter Samtfaden
– 8 cm roter Strickschlauch, 4 cm breit

Basteln Sie den Kopf wie auf Seite 8 be-schrieben, und kleben Sie ihn auf dem Serviettenring fest.

Margarete

– 17 cm Moosgummi, 3 mm stark, 4 cm breit
– 20 cm roten Strickschlauch, 4 cm breit (Bauch)
– 15 cm roten Strickschlauch, 4 cm breit (Mütze)
– Kunsthaarlocken
– Wattekugel, 30 mm
– 25 cm Spitzenband, 3,3 cm breit
– weißes und rotes Nähgarn
– weißer Pompon, Ø 15 mm

Schieben Sie den Moosgummistreifen in den Strickschlauch. Schlagen Sie die überstehenden Enden nach innen ein, und nähen Sie beide Enden mit wenigen Stichen zusammen.

Der fertiggestellte Kopf wird auf den Körper geklebt und mit einem Spitzenkragen verziert. Fädeln Sie hierfür weißes Nähgarn durch den Rand der Spitze, und raffen Sie diese zusammen. Legen Sie das Band um den Hals und verknoten Sie die Fäden miteinander.

Michel

– 16 cm Chenilledraht
– 18 cm roter Strickschlauch, 2 cm breit
– 10 cm gestreifter Strickschlauch, 3,5 cm breit
– weißer Filz
– Wattekugel, Ø 25 mm
– roter Samtfaden

Stecken Sie den Chenilledraht in den Strickschlauch, und binden Sie die Enden ab. Biegen Sie den Chenilledraht um den Schlauch, und verdrehen Sie die Enden miteinander. Jetzt legen Sie den Kragen auf die Schlauch-Beine und setzen den vorgefertigten Kopf auf den zusammengedrehten Chenilledraht. Mit etwas Klebstoff wird er fixiert.

Tip: Benutzen Sie für „Michel" keine Holzkugel als Kopf, da diese zu schwer ist und der Serviettenring umkippen würde.

Nissemänner

Nissemänner nennt man die skandinavischen Wichtel. Sie helfen dem Julemand, dem Weihnachtsmann, bei den Vorbereitungen. Exemplarisch für alle Wichtel erklären wir den Aufbau einer Figur.
Arbeiten Sie unsere Muster nach, oder lassen Sie Ihrer Phantasie freien Lauf. Sie werden sehen, wie viel Kreativität in Ihnen steckt!

Material
– Chenilledraht
– Strickschlauch, 1,5 cm breit (Arme)
– Strickschlauch, 2,2 cm breit (Beine)
– Strickschlauch, 3 cm breit (Mützen)
– Puppenhände, 22 mm (Füße)
– Rohholzkugeln, Ø 20 mm (Kopf)
– Rohholzkugeln, Ø 10 mm (Arme)
– Pompons
– rote und grüne Filzreste

Grundform Wichtel

Beinlänge: 11 cm
Armlänge: 7 cm
Halslänge: 6 cm

Für das Bekleiden mit Strickschläuchen geben Sie beim Abbinden je Seite 1 cm Länge dazu, beim Aufrollen 2 cm je Seite.

Für unsere Wichtel heißt das:
Beine: 15 cm Strickschlauch, 2,2 cm breit

Arme: 9 cm Strickschlauch, 1,5 cm breit
Mütze: 8 cm Strickschlauch, 3 cm breit

Tip: Kleben Sie zuerst die Hände bzw. Füße an den Chenilledraht, damit sich dieser beim Einschieben in den Strickschlauch nicht verhakt und keine Fäden zieht.

Schneiden Sie sich für die Beine 11 cm Chenilledraht ab. Kleben Sie die Puppenhände, die wir in unserem Fall zu Füßen

13

umfunktioniert haben, an den Enden fest. Schneiden Sie 15 cm Strickschlauch ab, und schieben Sie die vorbereiteten Beine in den Schlauch. Der überstehende Schlauch wird aufgerollt.

Für die Arme kleben Sie die Holzkugeln an den 7 cm langen Chenilledraht und schieben diesen in den 9 cm langen Strickschlauch. Den überstehenden Schlauch binden Sie ab. Arme und Beine verbinden Sie mit einem 6 cm langen Stück Chenilledraht, den Sie doppelt legen und miteinander verdrehen.

Soll Ihr Wichtel ein Kleidungsstück aus Filz erhalten, müssen Sie dieses jetzt anfertigen und über den Hals stülpen. Am besten eignet sich hierfür ein Filzstück mit der Größe 8 x 4 cm. Dieses legen Sie doppelt und schneiden es in der Mitte der geschlossenen Seite ein. Stülpen Sie das Hemdchen über den Hals, und binden Sie es an der Taille mit Samtfaden oder einem ähnlichen Band ab.
Für den Kopf benötigen Sie eine 2 cm große Holzkugel. Die Haare bestehen z.B. aus aufgedrehtem Juteband. Kleben Sie zuerst den Pony, darüber die längeren Haare. Für die Mütze benötigen Sie 8 cm Strickschlauch, 3 cm breit. An der

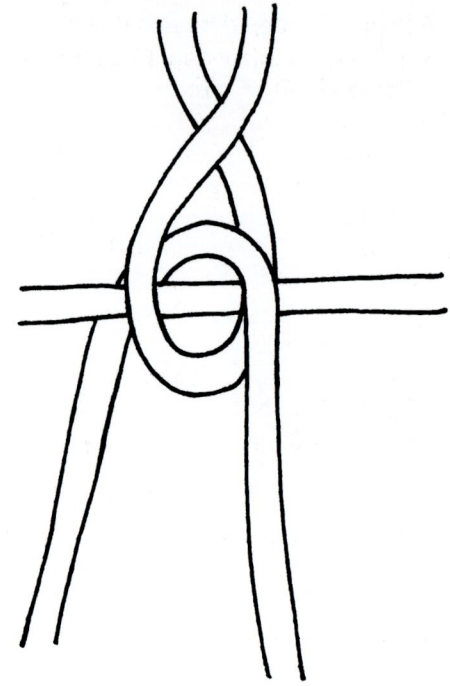

Spitze wird die Mütze mit einem Samtfaden abgebunden. Der Mützenrand wird aufgerollt.

Der jetzt fertige Kopf wird auf den bekleideten Körper gesetzt. Verbindungsstück ist der Hals. Diese Stelle bitte mit etwas Klebstoff bestreichen. Fertig ist der Wichtel!

Wichtelkette

Ein fröhlich-frecher Weihnachtsschmuck, der überall ein Plätzchen finden wird.

Material
– 3 Holzkugeln, Ø 25 mm (Köpfe)
– 6 Holzkugeln, Ø 12 mm (Hände)

– 6 Puppenhände, Ø 22 mm (Füße)
– 3 halbe rote Holzperlen, Ø 6 mm
– 2 Pompons, Ø 15 mm
– roter, weißer und grüner Filz
– Samtfaden
– Acrylic Fiber (Haare)
– Chenilledraht
– 33 cm roter Strickschlauch, 3 cm breit
  (Mützen)
– 1,40 m roter Strickschlauch,
  1,5 cm breit (Körper)
– 1 m gedrahtetes Sisalband
– künstliche Tanne
– 1 Glocke, 40 mm

Die Wichtel werden nach der Grundform
von Seite 13 gearbeitet.
Armlänge: 20 cm
Beinlänge: 20 cm
Halslänge: 7 cm

Den Pullover fertigen Sie aus einem Filzstück von 10 x 14 cm, wie auf Seite 14
beschrieben. Für die Jacke benötigen Sie
einen Zuschnitt von 11 x 15 cm.
Bitte übertragen Sie die Zeichnung auf
ein entsprechendes Stück Filz.
Die Seitennähte werden geklebt oder zu-
sammengenäht.

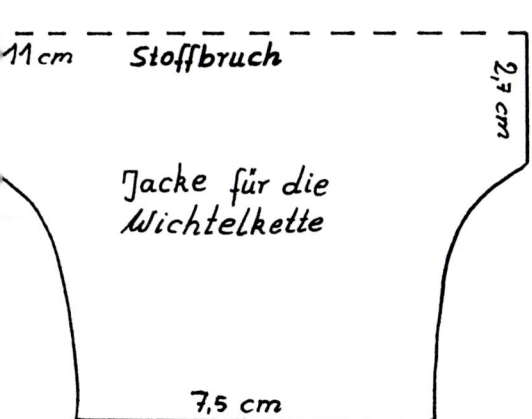

11 cm   Stoffbruch   2,7 cm

Jacke für die
Wichtelkette

7,5 cm

Nissemänner im Tannenbaum

Abends hell erleuchtet, steht dieser Tannenbaum in der Weihnachtszeit im Fenster – eine stimmungsvolle Dekoration.

Material für die Nissemänner

– 9 Haselnüsse
– 9 Holzkugeln, Ø 20 mm
– 63 cm roter Strickschlauch
– Filzreste
– rotes Nähgarn

Material für den Tannenbaum

– Holzstück, 12 x 12 x 2,5 cm
– 33 Holzscheiben, 4 cm
– 22 Holzscheiben, 3 cm
– 10 Holzscheiben, 2,5 cm
– Lichterkette
– künstliche Tanne

Die Holzscheiben werden sternförmig zusammengeklebt.

Von unten begonnen benötigen Sie 25 (4 cm), dann 13 (4 cm), danach 13 (3 cm) und zuletzt 7 (3 cm) Holzscheiben. Die restlichen Holzscheiben dienen als Abstandhalter zwischen den einzelnen Etagen. Die sechs äußeren Holzscheiben werden jeweils durchbohrt, um die Lichterkette durchzufädeln.

Für die Nissemänner kleben Sie zuerst die Holzkugel an die Haselnuß. Dann wickeln Sie den Schal um und setzen das Mützchen auf. Beides wird mit Klebstoff fixiert.

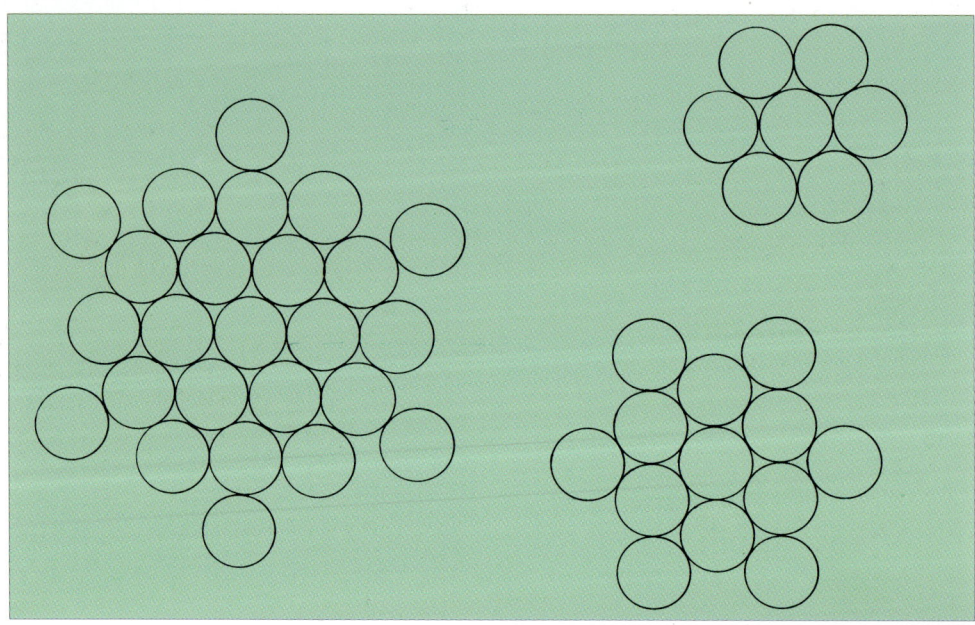

Türkranz

O le wartet neugierig auf den Weihnachtsmann. Im Tannenkranz
sitzend hängt er im Fenster oder
begrüßt Besucher an der Eingangstür.

Material

– Tannenkranz, Ø 30 cm
– 1 Holzkugel, Ø 40 mm
– 2 Puppenhände, 32 mm
– 2 Marionettenfüße, 32 x 24 mm
– 1 Glöckchen, 15 mm
– Kunsthaarlocken
– Samtfaden
– Chenilledraht
– roter Filz
– rotes Nähgarn
– 20 cm roter Strickschlauch, 6 cm breit
  (Mütze)
– 27 cm geringelter Strickschlauch,
  2,2 cm breit (Arme)

– 32 cm geringelter Strickschlauch,
  2,2 cm breit (Beine)
– 40 cm weißer Strickschlauch,
  1,5 cm breit (Schal)

Ole wird wie die Nissemänner auf Seite 12 gearbeitet. Das Mäntelchen arbeiten Sie aus einem Bogen roten Filz (s. Zeichnung). Damit Ole sicher im Kranz sitzt, befestigen Sie die Mütze mit etwas Draht am Tannenkranz.

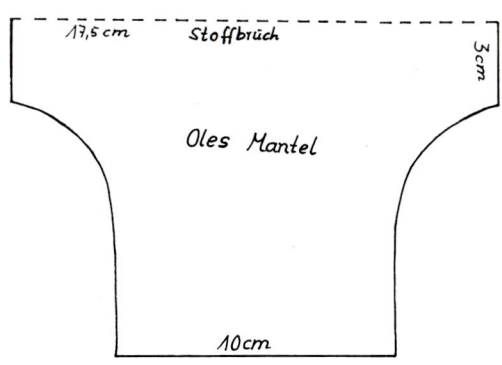

Beim Holzhacken

Hier sehen Sie Meister Bjørn und seine Gesellin Stine beim Zerkleinern von Holz für den Kamin, eine rustikale Dekoration für Tisch, Anrichte oder Fensterbank.

Deko-Material
– Holzscheibe
– Schubkarre (Fertigteil)
– Werkzeug (Fertigteile)
– Holzreste

Meister Bjørn
– 2 Holzschuhe
– 2 Puppenhände, 32 mm
– Chenilledraht, je 32 cm (Beine)
– Chenilledraht, je 27 cm (Arme)
– grüner Filz
– Juteband
– roter Samtfaden
– 1 Rohholzkugel, Ø 30 mm
– 35 cm roter Strickschlauch,
  2,2 cm breit (Hose)

– 30 cm roter Strickschlauch,
  1,5 cm breit (Arme)
– 15 cm roter Strickschlauch,
  3,0 cm breit (Mütze)
– 30 cm roter Strickschlauch,
  1,5 cm breit (Schal)
Für die Jacke schneiden Sie den grünen Filz gemäß der Zeichnung zu.

Stine
– 2 Holzschuhe
– 2 Puppenhände, 32 mm
– 1 Holzkugel, 25 mm

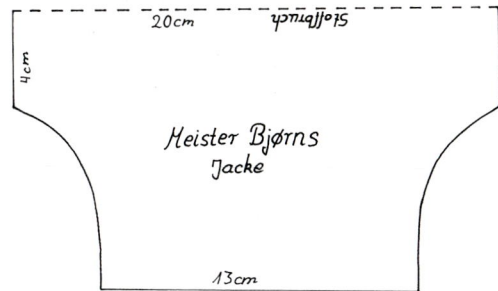

- Chenilledraht, 20 cm (Beine),
  15 cm (Arme)
- grüner Filz
- Juteband
- 23 cm roter Strickschlauch,
  1,5 cm breit (Beine)
- 18 cm roter Strickschlauch,
  1,5 cm breit (Arme)
- 17 cm roter Strickschlauch,
  3,0 cm breit (Mütze)

Der Pullover wird aus einem Filzquadrat in der Größe 11 x 11 cm geschnitten.

Anders als bei den auf Seite 12 beschriebenen Nissemännern wird in diesem Fall der Strickschlauch nach innen gezogen und mit Klebstoff an den Händen bzw. Schuhen befestigt. Ansonsten arbeiten Sie Meister Bjørn und Stine genau wie die Wichtel.

Blumenstecker

Lustig sehen Holger, Liese, Søren und Bo aus, die Sie in Tontöpfe gefüllt mit Tannengrün oder weihnachtliche Sträuße stecken können. Gut geeignet sind sie als schönes vorweihnachtliches Geschenk oder als Dankeschön, das bestimmt Freude machen wird.

Holger
– 1 Holzkugel, Ø 9 cm
– 2 Wackelaugen, 15 mm
– 1 rote Holzperle, Ø 12 mm (Nase)
– 1 Rundholzstab, Ø 8 mm
– Füllwatte
– 25 cm roter Strickschlauch, 10 cm breit

Kleben Sie Augen, Nase, Haare, Bart und Mütze auf die Holzkugel, und befestigen Sie diese auf dem Rundholz.

Liese
– 1 Holzkugel, Ø 6 cm
– 2 Wackelaugen, 10 mm
– 1 halbe rote Holzperle, Ø 8 mm
– Kunsthaarlocken
– 15 cm weißer Strickschlauch, 8 cm breit
– 1 Pompon, Ø 25 mm
– 35 cm geringelter Strickschlauch, 4,5 cm breit
– roter Samtfaden
– Chenilledraht
– Rundholzstab, Ø 8 mm

Liese wird wie Holger gearbeitet. Damit der Schal schön in Form bleibt, den Chenilledraht mit einarbeiten!

Søren

- 1 Holzkugel, Ø 30 mm
- 1 Rundholz, Ø 6 mm
- 2 Puppenhände, 22 mm
- 1 roter Pompon, 7 mm
- 1 weißer Pompon, 15 mm
- 10 cm roter Strickschlauch, 3 cm breit (Mütze)
- 20 cm roter Strickschlauch, 2,2 cm breit (Arme)
- 4 cm Federboa

Søren arbeiten Sie wie die Nissemänner auf Seite 12.
Die Arme werden unterhalb des Kopfes um das Rundholz geschlungen und mit etwas Klebstoff fixiert.

Bo

- 1 Holzkugel, Ø 4 cm
- 1 Rundholz, Ø 6 mm
- 1 halbe rote Holzperle, Ø 8 mm
- Füllwatte
- 15 cm geringelter Strickschlauch, 4 cm breit

Arbeiten Sie Bo genau wie Holger. Die Augen von Bo werden aufgemalt.

Herr Jensen

Herr Jensen, unser Nikolaus, wollte zwar nicht auf seinen Bart und die traditionelle Mütze verzichten, bestand jedoch auf ein ansonsten „modisches Outfit".

Material

- 1 Styroporkugel, h = 26 cm
- 36 cm roter Filz
- 1 Holzkugel, Ø 8 mm
- 1 roter Pompon, Ø 25 mm
- 1 weißer Pompon
- 42 cm roter Strickschlauch, 1,5 cm breit (Arme)
- 8 cm geringelter Strickschlauch, 4 cm breit (Muff)
- 30 cm roter Strickschlauch, 10 cm breit (Mütze)
- 60 cm Federboa
- Chenilledraht
- Jutesäckchen
- künstliche Lärche

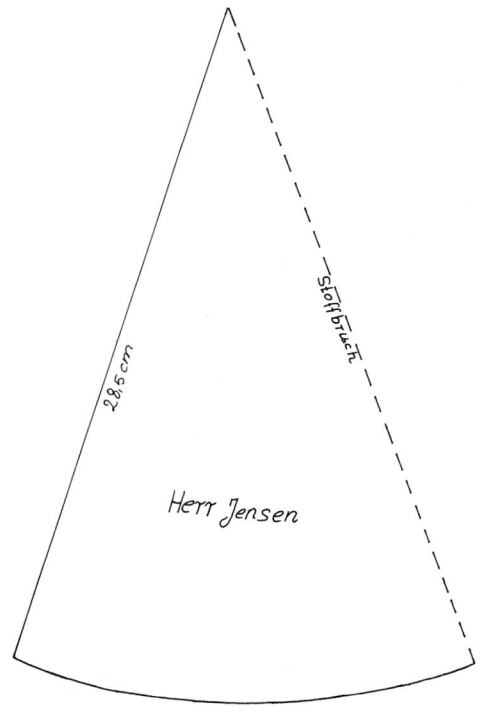

Herr Jensen

28,5 cm

Stoffbruch

Herr Jensen und Sven Oluf (S.24)

Für einen besseren Halt des Kopfes wird die obere Spitze des Kegels abgeschnitten. Den Filz schneiden Sie gemäß der Zeichnung zu und kleben ihn auf den Styroporkegel. Für die Mantelränder kleben Sie Chenilledraht fest. Setzen Sie den vorgefertigten Kopf auf. In den Arm-Strickschlauch schieben Sie Chenilledraht ein und binden die Enden ab. Stecken Sie die Endstücke des geringelten Schlauches nach innen, und fixieren Sie diese mit etwas Klebstoff. Den so gefertigten Muff schieben Sie über beide Armenden, die Sie miteinander verkleben.

Das Jutesäckchen wird mit künstlichen Lärchen gefüllt und am Rücken von Herrn Jensen festgeklebt.

Sven Oluf

Der zeitgenössische Knecht Ruprecht: witzig und verschmitzt bringt er auf Weihnachtsfeiern viel Stimmung.

Material
– 1 Styroporkegel, h = 26 mm
– 36 cm roter Filz
– Chenilledraht
– 20 cm Federboa
– Füllwatte
– 1 roter Pompon
– 1 weißer Pompon
– 2 Wackelaugen, 15 mm
– 32 cm gedrahtetes Sisalband

– 35 cm geringelter Strickschlauch, 4 cm breit (Mütze)
– 12 cm roter Strickschlauch, 1,5 cm breit (Handschuhe)
– 1 Jutesäckchen
– 1 Metallglöckchen
– 1 Reisigbesen
– künstliche Lärche

Sven Oluf wird wie Herr Jensen gearbeitet, jedoch erhält er keine Holzkugel als Kopf. Sie arbeiten das Gesicht auf dem oberen Drittel des Kegels, indem Sie diesen mit Füllwatte bekleben und danach Mütze, Bart, Augen und Nase aufsetzen.

Julemand

Natürlich darf auch der klassische Weihnachtsmann nicht fehlen. In Skandinavien hat der Weihnachtsmann übrigens eine Frau!

Material
– 1 Styroporkugel, Ø 12 cm
– 1 Styroporkugel, Ø 10 cm
– 2 Wackelaugen, 15 mm
– 1 rote Holzperle, Ø 14 mm
– 1 Brille
– Füllwatte
– 1 Rundholz, Ø 6 mm
– Chenilledraht
– 1 weißer Pompon
– 18 cm roter Strickschlauch, 12 cm breit (Bauch)
– 40 cm roter Strickschlauch,

3 cm breit (Arme)
- 40 cm roter Strickschlauch,
  2,2 cm breit (Gürtel)
- 30 cm roter Strickschlauch,
  12 cm breit (Mütze)
- 1 Lärchenzweig
- 2 rote Pompons, Ø 25 mm
- Holzscheibe (Standfläche)

Bekleiden Sie die große Styroporkugel mit dem Strickschlauch, und kleben Sie diesen fest. Den Gürtel binden Sie um den Bauch. Für die Arme umwickeln Sie den Chenilledraht mit Füllwatte und stecken ihn in den Strickschlauch. Nach dem Abbinden werden die roten Pompons für die Hände angeklebt, danach die Ärmelkrempen aus Füllwatte. Um eine feste Verbindung von Kopf und Rumpf zu schaffen, verbinden Sie die beiden Kugeln mit einem Stück Rundholz, das zusätzlich noch mit Kleber fixiert wird. Die Kopf-Kugel bekleben Sie mit reichlich Füllwatte, die Sie zum Bart ziehen. Augen, Nase, Mütze, Pompon und Brille werden festgeklebt.

Damit der Weihnachtsmann gut steht, kleben Sie ihn am besten auf eine Holzscheibe, die Sie mit künstlicher Tanne ausschmücken können.

Kim aus der Tüte

Mit dem richtigen Dreh verzaubert Kim aus der Weihnachts-Zaubertüte nicht nur Kinderherzen.

Material
- 1 Holzkugel, Ø 45 mm
- 20 cm Federboa
- 20 cm roter Strickschlauch, 6 cm breit
- Fotokarton, 20 x 30 cm
- Baumwollstoff uni, 20 x 30 cm
- Baumwollstoff gemustert, 32 x 32 cm
- doppelseitiges Klebeband
- Rundholz, Ø 4 mm
- 42 cm Spitze
- 2 Puppenhände, 32 mm

Schneiden Sie die Tüte gemäß der Zeichnung aus, und bekleben Sie sie mit Stoff. Dabei wird die Klebekante ausgespart. Der Karton wird zu einer Tüte geformt und mit dem doppelseitigen Klebeband zusammengeklebt. Das Hemd schneiden

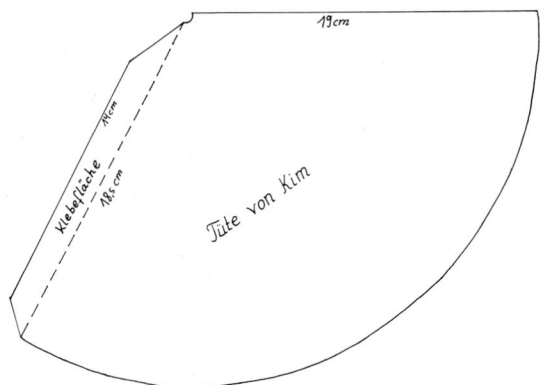

Hemd befestigen Sie unterhalb des Kopfes am Holzstab. Halsöffnung und Ärmelbündchen werden mit einem Faden zusammengerafft. Die weiße Spitze für den Kragen ziehen Sie ebenfalls zusammen und binden sie um den Hals. Die Ärmelbündchen werden mit „rasierter" Federboa verziert. Der Tütenabschluß wird mit Spitze umklebt. Zum Schluß kleben Sie die Pompons auf.

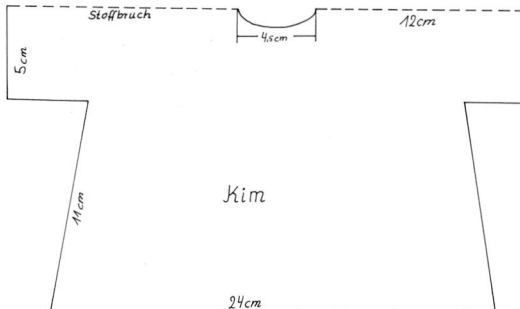

Sie gemäß der Zeichnung zu und schließen die Seiten. Durch die Ärmel wird ein Chenilledraht geschoben. Den unteren Hemdabschluß befestigen Sie mit doppelseitigem Klebeband in der Tüte. Dann wird der Holzstab durch die Tüte und das Hemd gesteckt und anschließend in den Kopf geklebt. Das

Fesselballon

Der Weihnachtsmann auf dem Weg zur Bescherung. Der Fesselballon kann auch als Adventskalender dienen, indem Sie kleine Päckchen mit Bändern am Korb befestigen.

Weihnachtsmann (Abb. S. 2)
- 1 Styroporkugel, Ø 8 cm
- 10 cm Baumwollstoff uni, 115 cm breit
- 10 cm Baumwollstoff gemustert, 115 cm breit
- 1 roter Pompon, Ø 15 mm
- 35 cm Federboa
- 20 cm roter Strickschlauch, 10 cm breit
- 1 Holzkugel, Ø 6 mm
- 1 Rundholz, Ø 8 mm

Den Bauch des Weihnachtsmannes fertigen Sie in der Artischockentechnik an: Schneiden Sie den Stoff zuerst in 5 cm breite Streifen, und teilen Sie diese danach in 5 cm Quadrate ein. Sie können alle Streifen auf einmal durchschneiden. Legen Sie das erste Quadrat auf die Styroporkugel, und stecken Sie es an den Ecken mit Nadeln fest.

Jetzt falten Sie ein gemustertes Stoffquadrat zweimal zur gegenüberliegenden Ecke, so daß ein Dreieck entsteht. Dies machen Sie noch mit drei weiteren Quadraten. Stecken Sie die vier Stoffdreiecke so mit Nadeln an der Kugel fest, daß sich die Spitzen in der Mitte des bereits aufliegen-

den Quadrates treffen. Die nächsten vier unifarbenen Stücke falten und stecken Sie in der gleichen Art, setzen sie jedoch zwischen die gemusterten Dreiecke.

In den nächsten Runden setzen Sie jeweils Uni auf Uni und Muster auf Muster, bis Sie oben an der Kugel angelangt sind und nur noch ein Feld in der Größe eines Quadrates freibleibt. Hierauf setzen Sie ein letztes, nicht gefaltetes Quadrat, das Sie im Mittelpunkt einschneiden.

An der eingeschnittenen Stelle bohren Sie ein Stück Rundholz in die Kugel, das Sie mit Klebstoff fixieren. Auf das überstehende Ende kleben Sie den vorbereiteten Kopf.

Fesselballon

– 1 Styroporkugel, Ø 20 cm
– 60 cm Baumwollstoff uni, 115 cm breit
– 60 cm Baumwollstoff gemustert, 115 cm breit
– Stecknadeln
– 2–3 m Goldkordel
– Kordel zum Aufhängen
– 1 Korb
– 4 Rohholzkugeln, Ø 25 cm
– Goldfaden
– Styroporring

Die Styroporkugel bestecken Sie in der Artischockentechnik wie oben beschrieben: Fünf Reihen mit 9 cm Zuschnitten, dann sechs Reihen mit 11 cm Zuschnitten und nochmals fünf Reihen mit 9 cm Zuschnitten. Die Goldkordel wird an den Enden dick verknotet, über Kreuz laufen lassen und mit Heißkleber am Korb befestigt. Für die Sandsäcke nehmen Sie jeweils eine Holzkugel, die Sie in ein Stoffquadrat legen und mit einem Goldfaden zuschnüren. Damit der Weihnachtsmann im Korb sicher steht, legen Sie einen Ihrem Korb entsprechend großen Styroporring auf den Boden.

Schneemann

Eric, schnell wie der Wind, kündigt warm eingepackt den Winter an.

Material

- 1 Styroporkugel, Ø 5 cm
- 1 Styroporkugel, Ø 6 cm
- 20 cm roter Strickschlauch, 6 cm breit (Mütze)
- 35 cm roter Strickschlauch, 1,5 cm breit (Schal)
- 20 cm weißer Strickschlauch, 1,5 cm breit (Arme)
- 15 cm weißer Strickschlauch, 6 cm breit (Körper)
- Samtfaden
- Chenilledraht (für Arme und Schal)
- 2 Wackelaugen, 7 mm
- Rundholz, Ø 3 mm
- weiße Pompons, 15 mm
- schwarze und rote Pompons, 7 mm
- Eispins
- Birkenholzscheibe
- Strukturschnee
- schwarze Bastelfarbe

Beide Styroporkugeln werden in den weißen Strickschlauch gesteckt und in der Mitte abgebunden. Die Enden werden an den Styroporkugeln festgeklebt. In den Schal- und Armschlauch schieben Sie Chenilledraht. Arme, Schal und Mütze sowie die Pompons und Augen werden aufgeklebt. Die Birkenholzscheibe bemalen Sie mit Strukturschnee, in den Sie die schwarz bemalten Eispins legen.

Setzen Sie Eric in den noch feuchten Schnee, und schieben Sie die Skistöcke durch die Chenilleschlaufen in den Schnee. Nach dem Aushärten sind alle Teile fest miteinander verbunden.

- 5 cm Fellplüsch (Jette)
- weiße Federn (Nils)
- 4 Wackelaugen, 10 mm
- 1 m rotes Satinband, 10 mm breit
- Sternpailletten
- Fleece, ersatzweise Filz
- Füllwatte
- schwarzes Stickgarn oder schwarzen Stoffmalstift
- 45 cm geringelter Strickschlauch, 3 cm breit (Jette)
- 45 cm roter Strickschlauch, 2,2 cm breit (Nils)
- 4 Pompons

Für Jette schneiden Sie einen Kreis mit dem Durchmesser 11 cm aus, für Nils einen Kreis von 13 cm.
Schneiden Sie den Kreis in der Mitte durch, und formen Sie die eine Hälfte zu einer Tüte, die Sie an den Enden zusammennähen bzw. zusammenkleben.

Der Schnabel wird mit Füllwatte ausgestopft. Die Schnabellinien können Sie aufmalen oder aufsticken. Dem Umfang entsprechend zeichnen Sie einen Kreis an die Stelle, an der der Schnabel angesetzt werden soll. Diese Linie ritzen Sie mit einem Bastelmesser ein. Drücken Sie die Enden des Schnabels mit der Rückseite des Bastelmessers in die Ritze. Überstehender Fleece oder Filz wird mit einer kleinen Schere knapp abgeschnitten.

Sollte noch Stoff überstehen, drücken Sie ihn nochmals rein. Dann kleben Sie Haare und Augen auf die Styroporkugel und befestigen diese auf den Rundhölzern.

Zum Schluß werden die Pompons an den Schalenden angeklebt, die Schals um die „Hälse" geschlungen und mit etwas Klebstoff fixiert.

Weihnachts-gänse

Wir heißen Nils und Jette und sehen zauberhaft in Tannensträußen aus. Im letzten Jahr kam es vor, daß man uns an Wein- und Sektflaschen band – eine witzige Geschenkidee!

Material
- 1 Styroporkugel, Ø 8 cm (Nils)
- 1 Styroporkugel, Ø 7 mm (Jette)
- 2 Rundhölzer, Ø 8 mm

Weihnachtsmaus

Ich bin Sonja, die Weihnachtsmaus. Wie schön, daß es diesen herrlichen Strickschlauch gibt – es wäre sonst zu kalt! In der Weihnachtszeit sitze ich im Küchenfenster oder helfe, den Adventstisch zu schmücken.

Material
– 1 Holzscheibe mit Korkrand
– künstliche Tanne
– 1 Styroporkegel, h = 6 cm
– graue und weiße Filzreste
– 1 schwarze Holzperle, Ø 8 mm
– 2 Wackelaugen, 7 mm
– 10 cm grauer Strickschlauch, 4,5 cm breit
– 15 cm roter Strickschlauch, 4 cm breit
– Chenille
– Lederband
– Nähgarn
– Sternzwirn

Drehen Sie den grauen Strickschlauch auf links, und binden Sie diesen fest ab. Der Schlauch wird wieder auf rechts gedreht und über den Kegel gezogen. Dann nähen Sie den Strickschlauch an der stumpfen Seite des Kegels von außen zusammen. Das Lederband wird als Schwänzchen festgeklebt. Die Ohren fertigen Sie aus Filzresten an (Ø 3 cm, grau und Ø 2 cm, weiß). Die Barthaare fertigen Sie aus Sternzwirn. Damit die Mütze schön absteht, binden Sie ein Stück Chenilledraht mit ein.

Weihnachtswurm

Albert ist ein vorwitziges Kerlchen, das sich über den Tisch schlängelt, aus dem weihnachtlich geschmückten Fenster schaut oder als kleines Mitbringsel die Gastgeber erfreut.

Material

– 3 Holzkugeln, Ø 15 mm
– 2 Holzkugeln, Ø 20 mm
– 3 Holzkugeln, Ø 25 mm
– 1 Holzkugel, Ø 30 mm
– 23 cm geringelter Strickschlauch, 2,2 cm breit (Körper)
– 8 cm geringelter Strickschlauch, 2,2 cm breit (Mütze)
– 1 Glocke, 11 mm
– 2 Wackelaugen, 7 mm
– 1 halbe rote Holzperle, Ø 8 mm
– roter Filzrest
– Samtfaden

Binden Sie den Strickschlauch am Ende ab. Die Holzkugeln werden der Größe nach (zuerst die kleinsten) in den Schlauch geschoben. Nach jeder Kugel wird mit dem roten Samtfaden abgebunden. Zum Schluß kleben Sie den vorgefertigten Kopf und hinten die Glocke an.

Danksagung

Unser Dank gilt den Mitgliedern der IHOBA-Nord für ihre Unterstützung. Insbesondere danken wir Frau Iris Helms für ihr Engagement bei der Verfügbarkeit der benötigten Materialien auf dem deutschen Markt.

ISBN 3-8241-0641-8
Broschur, 32 Seiten

ISBN 3-8241-0642-6
Broschur, 32 Seiten

ISBN 3-8241-0614-0
Broschur, 32 S., Vorlagebogen

ISBN 3-8241-0619-1
Broschur, 32 S., Vorlagebogen

ISBN 3-8241-0615-9
Broschur, 32 Seiten

ISBN 3-8241-0613-2
Broschur, 32 S., Vorlagebogen